Norbert Landa

Leselöwen Osterhasengeschichten

Zeichnungen von
Hanne Türk

Loewe

CIP-Titelaufnahme der Deutschen Bibliothek

Landa, Norbert:
Leselöwen-Osterhasengeschichten / Norbert Landa.
1. Aufl. – Bindlach: Loewe, 1991
(Leselöwen)
ISBN 3-7855-2366-1

ISBN 3-7855-2366-1 – 1. Auflage

Umschlagillustration: Hanne Türk
Umschlaggestaltung: Kirsch & Korn
Satz: Fotosatz Leingärtner, Nabburg
Gesamtherstellung: Bercker, Kevelaer
Printed in Germany

Inhalt

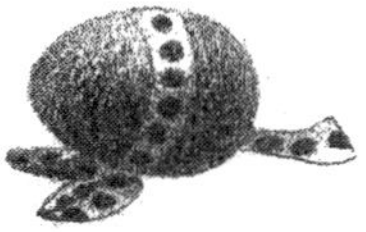

Ein unglaublicher Besuch

In der letzten Schulstunde vor den Osterferien war Zeichnen. Die Kinder zeichneten Weidenkätzchen und Ostereier und Osterhasen. Den schönsten Osterhasen zeichnete Sabine. Elias hingegen malte nur wilde Kleckse auf sein Blatt.

„Wer an Osterhasen glaubt, der ist ein Blödmann!“ murrte er. „So was zeichne ich nicht!“

Auf dem Nachhauseweg wich Elias nicht von Sabines Seite. „Na“, höhnte er, „glaubst du noch immer an den Osterhasen? So was Kindisches.“

„Ich finde Osterhasen gut!“ sagte Sabine. „Laß mich endlich zufrieden.“

Doch er spottete und meckerte und hüpfte wie ein Hase neben ihr her und rief: „Guck, ich bin ein Osterhase!“

Hinter dem Zaun aber, da saßen zwei Osterhasen, und sie hörten Elias' Geschrei. „Der Bursche wird sich noch wundern“,

flüsterten sie. Dann schmiedeten sie einen Plan …

Am Ostersonntag wurde Elias durch ein Geräusch in seinem Zimmer wach. Er blinzelte und machte die Augen wieder ganz fest zu. „Ich träume!“ dachte er.

Aber es half nichts: Am Fenster stand wirklich ein Hase und schneuzte sich kräftig in den Vorhang. Dann wischte er sich seine eierfarbenbunten Pfoten ab.

Jetzt sperrte Elias seine Augen doch ganz auf. Starr lag er da und wollte schreien.

Aber was? Mami, Papi, in meinem Zimmer wischt ein Osterhase seine Pfoten am Vorhang ab? Unmöglich!

Elias setzte sich hoch, und plötzlich kreischte er auf. Etwas Kaltes, Feuchtes hatte ihn hinten am Hals gepackt und kroch ihm jetzt unter dem Schlafanzug den Rücken hinunter. Was war das? Entsetzt

griff sich Elias an den Kragen. Seine Hand war rot. Blut? Nein. Nudeln mit Tomatensauce. Der Rest von gestern abend.

Und mit der Pfanne in den Pfoten hüpfte ein zweiter Hase davon!

Endlich faßte sich Elias ein Herz. Er mußte diese beiden Unholde sofort vertreiben. Elias rannte ihnen ins Wohnzimmer nach. Der mit der Pfanne saß jetzt auf Mamis Schreibtisch und verteilte Nudeln. Der andere Hase hingegen riß die Fenster und die Balkontür auf; dann machte er sich an Papis teurer Stereoanlage zu schaffen.

Stumm vor Entsetzen stand Elias daneben. Papis Anlage hatte ungefähr 200 oder 2000 Watt und konnte die Wände wackeln lassen. Doch der Hase kannte kein Erbarmen; er drehte voll auf. Und während aus den Lautsprechern ein wahrer Höllenlärm donnerte, flitzten die beiden Hasen über den Balkon ins Freie. Im Haus aber und in der ganzen Siedlung wackelten die Wände.

Dann war es wieder still. Papi war mit Riesenschritten ans Radio gestürzt und hatte es ausgemacht.

Mami stand im Nachthemd in der Tür und musterte fassungslos ihren Schreibtisch. Und die Pfanne. Und den bekleckerten Hals ihres Sohnes.

„Kein Grund zur Aufregung“, sagte sie mit tonloser Stimme. „Kein Blut. Nur Nudeln mit Tomatensauce.“

Elias ließ die Hände sinken. „Das war ich nicht“, sagte er. „Das war ich wirklich nicht.“

„Sondern?“ fragten Mami und Papi.
„Sondern das waren ... das waren ...“, stotterte Elias. „Jetzt sind sie weg.“
„Wer?“
„Die Osterhasen“, schluchzte Elias. „Durch die Balkontür sind sie abgehauen. Zwei gemeine Osterhasen!“

Am ersten Schultag nach Ostern kannten natürlich schon alle die Geschichte: Elias hat von einem Osterhasen geträumt, und er hat Angst bekommen und Rabatz gemacht und die ganze Siedlung aufgeweckt! So hatten es seine Eltern allen Nachbarn erzählt, als sie sich für den Lärm um sechs Uhr morgens entschuldigten.
Sabine hingegen, so erzählte man sich, hatte diesmal ein ganz ungewöhnlich großes, tolles Osternest bekommen.

Häschen Puschels erster Einsatz

An Ostern sollte Häschen Puschel zum erstenmal mit dabeisein, wenn die großen Osterhasen Eier austrugen. Eigentlich war er noch zu klein dafür. Doch weil Puschel so fleißig Farben gerührt und Eier geschleppt und grüne Nester gebastelt hatte, machte Meister Lampelmeier eine Ausnahme. Deshalb – und weil Puschel so schön betteln konnte.

„Aber paß bloß auf, Puschel", mahnte Meister Lampelmeier. „Halte dich still, und hüpfe niemals weiter als drei Hoppler von uns weg."

Puschel nickte, daß seine Löffel flogen.

Zu viert zogen sie los.

Meister Lampelmeier und seine Gesellen Österle und Eukalyptus schleppten in schweren Körben bunte Eier und andere österliche Schätze. Und Puschel trug ein kleines Körbchen mit drei Ersatzeiern,

falls dieses oder jenes Osterei zerbrechen sollte.

Der Schillerpark lag im Morgengrauen; die Laternen brannten noch.

„Hier!“ flüsterte Meister Lampelmeier. „Hinter die Bank!“

Die Hasen und das Häschen stellten die Körbe und das Körbchen ab.

„Unter die große Wurzel! – Neben den Brunnen! – Auf die Schaukel! – Hinüber zu den Blumenkisten!“

Es gab jede Menge zu tun.

Puschel guckte aufmerksam zu, wie die Großen ihre Nester in die Verstecke betteten, sie zurechtklopften und die Schätze hineinlegten.

„Schneller!“ flüsterte Meister Lampelmeier. „Unter den Fliederbusch! Zu den Narzissen! Rüber zu den Primeln!“

Die Hasen flitzten so schnell hin und her, daß Puschel ganz schwindlig wurde. Kein einziges Osterei ging in die Brüche, so geschickt waren sie am Werk. Puschel bedauerte das sehr; zu gerne hätte er sich nützlich gemacht.

„Fertig!“ rief Meister Lampelmeier. „Abmarsch!“

Die drei Osterhasen schnallten sich ihre leeren Körbe um und machten sich auf den Heimweg. Puschel aber zögerte. Sollte er seine drei Eier etwa wieder nach Hause tragen?

„Nein“, dachte er, „ich will sie noch schnell irgendwo dazulegen.“

Aber wo waren bloß die Nester?

Eines mußte hinter der Bank sein. Ja, da lag es auch, herrlich gut versteckt.

Es war schon hell geworden. Höchste Zeit! Meister Lampelmeier würde sicher zornig werden, wenn Puschel weiter trödelte.

Noch zwei Eier! Hinter einem der Fliederbüsche lag ein anderes Nest, erinnerte sich Puschel. Doch es war gar nicht so einfach zu finden, das grüne Nest im grünen Gras.

Jetzt das letzte Ei. Puschel hoppelte

suchend umher. Richtig, dort drüben bei den Primeln! Geschafft!

Schon hörte er das Rufen und Lachen von Kindern. Sein kleines Hasenherz klopfte vor Aufregung. Er mußte sich noch sein Körbchen umbinden. Das lehnte drüben an der Bank neben dem ersten Nest. Verflixt, wie ging das bloß? Rechter Riemen nach links unten oder wie? Stimmt. Und nun …

Puschel erstarrte.

Wie aus der Erde gewachsen, stand ein kleines Mädchen vor ihm. Nur ein paar Schritte entfernt.

„Jetzt ist alles aus", dachte er. Puschel konnte kein Glied mehr rühren. Selbst wenn er gewollt hätte: nicht den kleinsten Hopser hätte er zustande gebracht.

„Ein Osternest!" rief das Mädchen entzückt. „Hinter der Bank. Mit bunten Eiern. Und ein großer Plüschhase!"

„Ein Plüschhase. Sie hält mich für einen Plüschhasen", dachte Puschel. „So eine Gemeinheit!" Schon wollte er diesem

frechen kleinen Ding seine Meinung sagen. Er und ein Plüschhase!

Plüschhase? Puschel hielt inne. Das ist die Rettung!

„Papa“, rief das Mädchen und wandte sich um, „schau, was ich gefunden habe. Einen großen Plüschhasen!“

Jetzt oder nie. Puschel machte einen

mächtigen Satz ins Gebüsch; und dann flitzte er los. Hinter der Brücke warteten der besorgte Meister Lampelmeier und seine Gesellen. Gerettet!

Im Schillerpark aber stand ein kleines Mädchen und zeigte seinem Vater die Stelle, wo eben noch ein großer kuschliger Plüschhase gewesen war.

„Da hat er gestanden. Direkt neben dem Nest. Mit Körbchen. Bestimmt!"

„Vielleicht war das ein echter Osterhase?" Papa lachte. „Und den hast du jetzt verscheucht!"

Ein paar gute Freunde

So ein prächtiger Frühlingstag! Die Sonne zog alle hinaus ins Freie, hinaus auf die grünen Wiesen: Dort sprossen die Gräslein, dort hüpften die Häslein.

Nur Tom hüpfte nicht. Er saß auf einem Hocker in der Werkstatt, bepinselte Eier und ärgerte sich fürchterlich über alle Welt – und im besonderen über Tante Polly.

Ihre Worte klangen ihm noch in den Ohren: „Am Dienstag wolltest du deine Ostereier am Mittwoch bemalen. Am Mittwoch war die Rede von Donnerstag, und am Donnerstag hast du es auf Freitag verschoben. Heute ist Freitag. Schönes Wetter hin, Ballspielen her: heute erledigst du deine Aufgaben. Ende der Durchsage."

Jetzt hockte Tom also vor einem großen Korb weißer Eier und schwang verdrossen seinen Pinsel. Er malte ein paar fade grüne Kreise, machte drei, vier blaue Tupfer. Fertig. Dann zählte er nach: Herrje, erst

sieben bunte Eier. Und noch 93 weiße. Dabei saß er schon so lange hier. Mutlos drehte Tom das nächste Ei in seinen Pfoten.

Doch plötzlich wurde er lebendig. Vergnügt pfeifend hielt er das nächste Ei ins Licht, kniff ein Auge zusammen, setzte sorgfältig den Pinsel an und malte mit größter Hingabe einen schönen blauen Kreis.

Der Grund für diese erstaunliche Veränderung hieß Rüdiger. Das war das größte Lästermaul weit und breit. Rüdiger kam eben um die Ecke gebogen und spähte durchs Fenster in Toms Werkstatt.

„Na, großer Meister, immer fleißig, was?"

„Moment", murmelte Tom, als wäre er ganz in die Arbeit vertieft. Sorgfältig wählte er einen neuen Pinsel aus. Er mischte aus Blau und Gelb ein wunderschönes Grün und zog einen zweiten Kreis ums Ei. „Ach, du bist es, Rüdiger!" sagte Tom dann. „Hast du dieses Grün gesehen? Dieses Grün, aus Blau und Gelb gemischt?"

Rüdiger steckte den Kopf durchs Fenster. Verblüfft kratzte er sich hinter den Löffeln. „Du willst doch nicht behaupten, du machst das freiwillig?" fragte er spöttisch. „Eier bepinseln, wenn draußen die Sonne scheint? Das hat dir deine Tante Polly eingebrockt, gib's zu!"

„Geh mir aus der Sonne!“ sagte Tom. „Heute ist perfektes strahlendes Sonnenlicht. So was gibt’s nur alle hundert Jahre!“

Rüdiger zog den Kopf zurück und tauchte in voller Größe in der Tür auf. Mit offenem Mund sah er zu, wie Tom eine wunderschöne gelbe Spirale rund um das ganze Ei zog.

Stolz hielt Tom sein Werk hoch. „Na?“

„Und das hat dir *doch* deine Tante Polly eingebrockt!“ maulte Rüdiger.

Tom tat, als hätte er nichts gehört. Er tauchte den Pinsel in ein leuchtendes Blau und zog ihn über das Weiß eines neuen Eies. „Wie der Himmel über schneebedeckter Erde“, sagte er.

Jetzt wurde es Rüdiger zu bunt. „Laß mich auch mal!“ bat er und griff nach Pinsel und Ei.

„Pfoten weg!“ rief Tom.

„Aber ich kann das auch. Da ist doch nichts dabei“, sagte Rüdiger. „Ich geb’ dir auch eine Möhre dafür!“

Endlich war Tom einverstanden.

Rüdiger klemmte die Zunge zwischen die Zähne und fing behutsam an zu pinseln. Er machte es erstaunlich geschickt.

Tom stand daneben und freute sich diebisch. Doch natürlich ließ er sich nichts anmerken. Im Gegenteil. Er mäkelte an den Farben herum, an den Strichen und an jedem kleinen Ausrutscher.

Rüdiger strengte sich noch mehr an. Schon hatte er das zweite Ei in Arbeit, für eine zweite Möhre.

Als er eben mit dem dritten Ei begann, da tauchten Olga und Elga auf, die beiden

Zwillinge. Im Schlepptau hatten sie ihren kleinen Bruder Maxi. Der mußte die Schnur zum Seilspringen tragen, die Bälle und die Tasche mit all den Sachen zum Essen für einen Frühlingstag am Bach.

Als sie Rüdiger erblickten, blieben sie wie angewurzelt stehen. Noch nie hatten sie ihn mit soviel Eifer bei der Arbeit gesehen.

„Ruhe!" rief Rüdiger, bevor noch irgend jemand etwas sagen konnte. „Künstler an der Arbeit! Geht mir aus der Sonne!"

„Aber wir wollten doch heute gemeinsam ..."

„Moment!" rief Rüdiger. Er setzte zu einem schwierigen dottergelben Wellenstrich an, und da mußte man gut achtgeben. „Es ist das Licht heute", erklärte er. „Die helle Sonne, seht mal, die holt die Farben richtig toll raus."

Olga und Elga und der kleine Maxi guckten eine Weile hin, und dann sagten sie, daß sie es jetzt auch sähen.

Olga und Elga wollten auch mitmalen,

und zwar unbedingt. Leider hatten sie keine Möhren. Aber sie versprachen Tom, ihm bis zu den großen Ferien bei allen Schularbeiten zu helfen.

Tom brummte „hmm“ und „na ja“ und legte nachdenklich die Löffel über Kreuz. Dann sagte er: „Also gut.“

Olga und Elga machten sich eifrig ans Werk. Tom spazierte hin und her und lobte dieses Ei und kritisierte jenes. Dann setzte er sich zum kleinen Maxi hinaus in die Sonne. Der verstand das alles nicht.

„Zu Hause rühren sie keinen Finger“, erzählte er. „Aber hier sitzen sie in der Werkstatt. Kapier’ ich nicht.“

„Dafür bist du noch zu klein“, meinte Tom. „Komm, laß mal sehen, was du zum Essen mithast!“

Tom und Maxi aßen sich satt. Dann machten sie ein Schläfchen. Dann spielten sie Federball. Und dann waren auch schon alle Eier schön bemalt.

„Das war ein feiner Zug von dir, Tom!“

sagte Rüdiger. „Die Möhren bringe ich morgen vorbei."

„Vielen Dank!" riefen auch Olga und Elga, bevor sie mit ihrem kleinen Bruder weiterzogen.

„Gern geschehen", antwortete Tom.

Dann holte er Tante Polly, um ihr zu zeigen, daß er fertig war.

Tante Polly kam aus dem Staunen nicht raus. „Alles an einem Nachmittag? Und ganz allein?"

„Nicht ganz allein", gab Tom zu. „Ein paar gute Freunde haben mir geholfen."

Das Ostertier

Es ist bestimmt ein paar hundert Jahre her oder gar länger, da wußte man noch nicht so recht, wer den Kindern zu Ostern die Ostereier bringen sollte. Deshalb kamen die Tiere des Waldes, des Feldes und des Bauernhofs zusammen, um das Ostertier zu wählen.

„Wir, wir, wir!" riefen sie alle.

Es war ein schrecklicher Lärm. Also, einer nach dem andern!

„Wir", so riefen die Schnecken,
„wir kennen alle Plätze,
wir können alle Schätze
als Osterschnecken
am besten verstecken!"

„Und wenn ihr damit fertig seid, ist es bestimmt schon Weihnachten", bellten die Hunde. „Osterschnecken, so was Dummes!"

Da schlichen die Schnecken beleidigt nach Hause.

„Osterhunde, flink und schlau,
wir sind nicht so faul!
Tragen die Eier im Maul
und legen sie ins Nestchen, wau!"

„Und bei wau laßt ihr sie fallen und freßt sie auf", grunzten die Schweine. „Osterhunde! Unerhört!"

Da kniffen die Hunde den Schwanz ein und machten sich davon.

„Vertrauet uns Osterschweinen!
Vielleicht etwas dick,
dafür österlich schick.
Wir sind das Feinste vom Feinen!“

„Und wer soll die schönen bunten Eier noch anfassen, wenn ihr sie im Schlamm gewälzt habt?“ gackerten die Hühner. „Nicht mit uns! Osterschweine, lachhaft!“

Da trollten sich die Schweine heim auf den Hof.

„Wir Osterhühner,
wir nämlich hingegen,
verstehn was vom Legen
und wissen, wie man Eier versteckt!“

„Und dann setzt ihr euch womöglich drauf und wollt sie ausbrüten“, muhten die Kühe. „Osterhühner, Unsinn!“

Da scharrten die Hühner verlegen und gingen heim.

Doch wie den Osterschnecken, den Osterhunden und den Osterschweinen, so ging es auch den Osterkühen. Man befürchtete, sie würden die Ostereiernester schließlich zertrampeln.

Die Rehe waren zu nervös, um als Osterrehe auch nur einen geraden Pinselstrich zu machen.

Die Tauben würden als Ostertauben die Eier ganz bestimmt fallen lassen. Denn sie ließen ja auch sonst dies und jenes fallen.

Die Fische waren zu naß als Osterfische.

Die Gänse würden als Ostergänse ihren Schnabel nicht halten können und alles verraten.

Die Katzen würden als Osterkatzen mit den Ostereiern bloß herumspielen und sie durch die Gegend rollen lassen.

Und so ging es auch den übrigen Tieren. Alle waren sie beleidigt und flogen und trotteten, schwammen und watschelten nach Hause.

„Wir, wir, wir!“ riefen am Schluß noch die Hasen.

Dann sahen sie sich verwundert um. Da war kein anderes Tier mehr, das „Nein! Blödsinn!“ oder ähnliches rief. Da war sonst überhaupt niemand mehr.

„Oooosterhaaaase!“ rief einer von ihnen. „Osterhase, das klingt doch gut!“

Die anderen horchten und nickten schließlich begeistert. Sie faßten sich fröhlich an den Pfoten und tanzten im Kreis und sangen:

„Wir sind die Osterhasen
mit unsren weichen Pfoten
und unsren süßen roten,
sanften Schnuppernasen.
Es leben hoch wir Osterhasen!“

Der große Fino Schokoladenfabrik

Niemand konnte sagen, woher er gekommen war. Plötzlich stand er mitten auf einer Lichtung im Wald – dort, wo sich die wilden Hasen treffen. Sein Fell schimmerte golden und silbern; seine Ohren trug er stolz erhoben, und das Blitzen seiner Augen flößte selbst dem wildesten Hasen Respekt ein. Allen war klar: er war ein Osterhase!

Wilde Hasen sind ein eigenes Volk. Mit den Osterhasen haben sie nicht viel zu tun.

Wilde Hasen sind stolz auf ihr wildes Leben, sagen sie. Niemals, sagen sie, würden sie freiwillig harte Eier bunt bepinseln und in Körben zu den Menschenkindern tragen. Sagen sie. Aber natürlich wäre jeder wilde Hase gern einmal ein Osterhase. Wenigstens einmal im Leben.

Manchmal wird ein wilder Hase mit einem Osterhasen verwechselt. Wenn zur Osterzeit Menschen den Wald durch-

FINO

streifen, dann heißt es: „Guck mal, der Osterhase." Das schmeichelt dem wilden Hasen natürlich. Und wenn er eitel genug ist, macht er Männchen und läßt sich als Osterhase bewundern …

Plötzlich stand nun also dieser große, unerhört glänzende Osterhase auf der Lichtung des Waldes. Stumm starrte er in die Runde.

Die wilden Hasen waren plötzlich zahm wie Kaninchen. Sie rückten enger zusammen.

Einer von ihnen, Hugo mit Namen, faßte sich ein Herz. Er trat vor und räusperte sich und sagte: „Will" – und räusperte sich noch einmal und sagte endlich: „Willkommen im Hasenwald!"

„Willkommen im Hasenwald!" riefen die wilden Hasen, erfreut darüber, daß es etwas zu tun gab.

Dann war es wieder still. Verzagt saßen die wilden Hasen vor dem mächtigen, strahlenden Osterhasen.

„Womit können wir dienen?“ fragte Hugo.

Der Osterhase schwieg.

„Purzelbäume gefällig?“

„Au ja, Purzelbäume!“ schrien die wilden Hasen. Über Purzelbäume würde er sich

bestimmt freuen. Also purzelten sie wild durcheinander.

Aber der hohe Herr Osterhase verzog keine Miene.

„Vielleicht will er Möhren“, schlug Willi zaghaft vor und hielt ihm eine unter die Nase.

Der hohe Herr schnupperte nicht mal.
Doch Willi hatte etwas gesehen. „Auf seiner rechten Pfote“, flüsterte er, „steht *Fino Schokoladenfabrik*.“

„Fino Schokoladenfabrik!“ Ehrfurchtsvoll ging der Name reihum. „Was für ein würdiger Name. So lang und so schwierig!“

Gut zu wissen, wie der hohe Herr Osterhase hieß. Aber was weiter? Es war schon fast Mittag, und die wilden Hasen hatten zu tun. Doch man konnte Herrn Fino Schokoladenfabrik auch nicht alleine lassen.

Schließlich blieb Willi zur persönlichen

Betreuung des Herrn Fino zurück. Denn er kannte ihn am besten von allen.

Willi setzte sich zu Herrn Finos Füßen, bereit, ihm jeden Wunsch von den Lippen abzulesen. Aber der blieb stumm.

Die Sonne brach durch das Geäst; es wurde Mittag. Und es wurde heiß auf der Lichtung und immer heißer.

Plötzlich fuhr Willi hoch. Herr Fino hatte sich bewegt. Sein rechter Löffel bog sich sanft nach unten. Dann der linke. Willi stand wie vom Donner gerührt: Was war das?

Herr Fino sank in sich zusammen. Alles an ihm blieb blitzend und hell, doch sein Haupt schien kleiner zu werden, die glänzende Schnauze drückte sich nach innen, und die strengen starren Augen rückten zusammen: Herr Fino schielte plötzlich fürchterlich.

„Er schmilzt!“ schrie Willi verzweifelt. „Heilige Mohrrübe, der schmilzt mir weg wie ein Schneemann!“

Aber da war nichts mehr zu retten. Herr Fino schmolz weiter. Und wo jetzt auch noch die Hülle aufriß, quoll eine warme duftende Masse heraus.

Willi schnupperte. Und schnupperte. Und plötzlich vergaß er all seine Pflichten.

Herr Fino schmeckte ausgezeichnet.

Am Abend fanden die wilden Hasen einen Willi, der mit verklebter Schnauze neben einer gold- und silberglänzenden Kugel hockte. Das war nämlich alles, was von Herrn Fino übriggeblieben war.

Willi hob die Pfote und gebot Schweigen. Er rief: „Herr Fino Schokoladenfabrik hat uns verlassen. Es hat puff gemacht, und weg war er."

„Wie hat es gemacht?" fragte der schwerhörige Theodor.

„Puff!" wiederholte Willi. „Puff, und er war fort. Zurückgelassen hat er nur diese glänzende Kugel, mit der man prima Fußball spielen kann."

Ob ihm die wilden Hasen wirklich

glaubten? Nun, sie waren vor allem froh, daß die unheimliche Begegnung ein Ende hatte. Das war das wichtigste. Als Willi vorzeigte, wie man einen Elfmeter schießt, da hatten sie die Herkunft des Balles auch schon wieder vergessen. Und so sollten sie nie die Wahrheit über den Schokoladenhasen erfahren, den ein wirklicher Osterhase auf der Waldeslichtung vergessen hatte …

Emil und der Osterhase

Emil war ein Mädchen und hieß in Wirklichkeit Emilie. Aber seit Onkel Robert ihr vor einem Jahr aus dem Buch „Emil und die Detektive" vorgelesen hatte, bestand sie darauf, Emil zu heißen.

Also hieß sie Emil.

Und die Detektive, das waren der Bär Sherlock und der Kater mit Namen Kommissar. Der Kommissar und Sherlock waren übrigens beide echt: ein echter Kater und ein echter Teddybär.

Jetzt saßen der Kommissar und Sherlock auf der Gartenbank.

Der Kommissar putzte sich die Pfoten.

Sherlock beobachtete Emil, die sich in der Gartenhütte zu schaffen machte.

Sie schob den Rasenmäher in seine Ecke, hängte Rechen und Spaten an ihre Plätze und stellte dann eine Klappliege auf. Die zweite Liege stellte sie hochkant davor.

„So", murmelte Emil zufrieden und setzte

sich zu ihren Kollegen auf die Bank. „Und jetzt unser Plan."

Der Kommissar schnurrte erfreut.

Sherlock guckte erwartungsvoll.

Emil blickte sich vorsichtig um und flüsterte: „Die Luft ist rein. Hört mir gut zu!" Ihr Plan sah vor, das Geheimnis der Osterhasen zu lüften. „Osterhasen", erklärte sie Sherlock und dem Kommissar, „sind keine Räuber und Diebe. Ganz im Gegenteil. Sie bringen wertvolle Schätze und verstecken sie für die Kinder. Und wer die Schätze findet, dem gehören sie."

Der Kommissar gähnte. Sherlock dachte schweigend nach. Er machte nie viele Worte.

„Ich verstehe", fuhr Emil fort. „Ihr fragt euch jetzt natürlich: Wenn Osterhasen gute Freunde sind, was haben Detektive wie wir mit ihnen zu schaffen?" Emil senkte ihre Stimme. „Sie sind rätselhaft. Ich kenne niemanden, der schon einmal einen Osterhasen gesehen hat. Man sieht immer nur, was sie bringen!"

Das war allerdings rätselhaft. Der Kommissar maunzte verwundert. Sherlock purzelte vor Staunen von der Bank.

Emil setzte ihn wieder hoch und flüsterte: „Und dieses Rätsel werden wir morgen früh lösen."

Der Kommissar spazierte ins Haus. Er hatte genug gehört. Emil und Sherlock folgten ihm; denn es war Mittag geworden, und Pläne schmieden macht hungrig.

Der Nachmittag gehörte wieder den Vorbereitungen. Der Kommissar schlief sich gründlich aus. Sherlock dachte schweigend nach. Und Emil stöberte ihre Osterhasen-Bilderbücher ein letztes Mal durch. Sie fand keine neuen Hinweise. Es blieb bei ihrem Plan.

„Mama", fragte Emil, „dürfen wir drei heute nacht in der Gartenhütte schlafen?"

„Ihr drei?"

„Ich und die Katze und der Teddy", sagte Emil.

„Im Sommer ist es doch viel angenehmer. Es ist noch ziemlich frisch draußen."

„Aber heute nacht kommt der ..." Emil schlug sich die flache Hand auf den Mund. Fast hätte sie sich verraten.

Sherlock guckte ungerührt geradeaus. Diese Selbstbeherrschung in allen Lagen!

„Ach so!" Mama lächelte. „Na ja. Aber hast du denn keine Angst, wenn er dann wirklich kommt?"

„Wer?" fragte Emil scharf.

„Der … der Igel. Er ist schon aus dem Winterschlaf aufgewacht. Und du weißt ja, wie Igel nachts herumtrippeln und schmatzen."

„Ach, der Igel", sagte Emil erleichtert. „Da ist mir nicht bange!"

Am Abend bekam die Osterhasenfalle ihren letzten Schliff. Natürlich war es keine echte Falle. Emil wollte ja keinen Osterhasen fangen. Bloß beobachten. Aber dazu muß man wach sein. Und um wach zu sein, muß man geweckt werden. Und wer sollte sie wecken? Der Osterhase selbst!

Also spannte Emil einen langen Bindfaden in Kniehöhe quer durch den Garten: vom Zaun zum Goldregenstrauch, weiter zur Regenrinne, zum Kastanienbaum und schließlich in die Gartenhütte. Das andere Ende band sie oben an ihren Schlafsack.

Wenn der Osterhase vorbeikam, mußte er die Schnur berühren. Vom Zupfen würde sie sofort aufwachen und hinter der aufgestellten Liege alles beobachten.

Es war ein famoser Plan. Sherlock saß, stumm vor Begeisterung, auf dem Werkzeugbord. Hier hielt er Wache, während Emil noch einmal ins Haus schlüpfte, um sich die Zähne zu putzen, den Trainingsanzug anzuziehen und die Taschenlampe zu holen. Der Kommissar spazierte inzwischen herum und prüfte die Bindfäden. Alles klar? Alles klar.

Mittlerweile war es Nacht geworden. Endlich konnte Emil in ihren Schlafsack schlüpfen. Der Kommissar rollte sich am Fußende der Liege zusammen. Oben saß Sherlock.

„Morgen früh sehen wir den Osterhasen“, sagte Emil. „Gute Nacht, Kommissar!“

„Maunz!“ antwortete der Kommissar.

„Gute Nacht, Sherlock!“

Doch Sherlock starrte schweigend in die Nacht.

Emil wartete noch ein Weilchen; dann schlief sie ein.

Als sie aufwachte, schien bereits die

FRÖHLICHE
OSTERN

helle Sonne. Emil hatte gemeint, ein leises Zupfen zu spüren, und hatte sich sofort in Position gesetzt. Jetzt spähte sie aufgeregt ins Freie: Durch Fenster und Tür konnte sie alles beobachten. Doch nichts rührte sich. Nur der Kommissar spielte mit etwas Weißem, das an der Alarmschnur baumelte. Ah, deshalb war sie aufgewacht!

Emil krabbelte aus dem Schlafsack. Das Weiße war ein Zettel, den jemand mit einer Wäscheklammer am Bindfaden befestigt hatte. Und darauf stand in dicken roten Buchstaben:

Emil starrte auf den Zettel.

So ein Reinfall!

Beschämt holte sie Sherlock vom Regal und schlich zu ihrem Zimmer.

Als sie die Tür öffnete, stockte ihr der Atem. Eine ganze Weile stand sie reglos da, dann quietschte sie voller Freude los: „Mama, der Osterhase war da!“

Fünf Merksätze für den Umgang mit Osterhasen

1. Wenn du einem Osterhasen begegnest, der sich nicht von der Stelle rührt, dann ist er wahrscheinlich aus Plüsch oder aus Schokolade. Es gibt zwei Osterhasentests:
Der Dauertest: Setze dich eine halbe Stunde lang regungslos dem verdächtigen Hasen gegenüber. Wenn er sich nicht rührt, dann ist er nicht echt.
Der Pustetest: Nimm eine Pusteblume, und puste die Fallschirmchen in Richtung Hasennase. Wenn der Hase niest, dann ist er echt.

Merke: Osterhasen, die niemals hüpfen und niesen, sind wahrscheinlich falsch.

2. Wenn du einem Osterhasen begegnest, der durch den Krautacker hoppelt oder über den Feldweg flitzt, dann handelt es sich in siebenundneunzig von hundert Fällen um einen wilden

Hasen. Mit folgendem Test kann man Osterhasen und wilde Hasen unterscheiden:
Winke dem Hasen zu, und rufe: „Danke, lieber Osterhase, für die schönen Sachen." Wenn er zurückwinkt und ruft: „Nichts zu danken, man tut ja nur seine Pflicht!", dann ist es ein wilder Hase, der sich verstellt.

Merke: Osterhasen geben sich nie als Osterhasen zu erkennen.

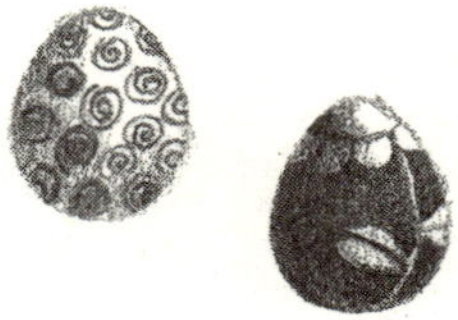

3. Behaupte niemals, daß es in Wirklichkeit keine Osterhasen gibt. Sie haben nämlich lange Ohren und könnten dich hören.

Merke: Osterhasen sind sehr schnell beleidigt.

4. Versuche nie, Osterhasen zu beobachten. Sollte es dir tatsächlich gelingen, einen bei der Arbeit zu ertappen, so glaubt dir das sowieso niemand. Und Geschichten, die einem niemand glaubt, taugen nicht viel.

Merke: Osterhasen haben ein Recht auf ungestörte Arbeit.

5. Wenn ihr drei Kinder seid und am Ostersonntag bloß zwei Nester findet, dann fangt bloß keinen Streit an. Sucht weiter. Irgendwo hat der Osterhase sicher noch ein drittes Nest versteckt.

Merke: Osterhasen haben ein gutes Gedächtnis und können ausgezeichnet zählen.

Der Autor

Norbert Landa, geboren 1952 in Linz (Österreich), beginnt schon im Alter von sechs Jahren zu schreiben. Zwanzig Jahre später erlebt er, als Journalist in Salzburg, seine ersten Veröffentlichungen. Später verdingt er sich als Öffentlichkeitsberater bei einem Politiker, der wenig später zurücktreten muß.
Somit endlich und glücklich aus falschen Bahnen geschubst, fängt Norbert Landa an, Erzählungen für Rundfunk und Zeitschriften zu schreiben, Revuen fürs Theater, Bauanleitungen für Modelleisenbahn-Weichenstellanlagen, Lieder für Kindernachmittage mit Kuchen und Kakao.
Nebenher studiert er Philosophie. Die Begegnung mit der Kinderbuch-Illustratorin Hanne Türk verstärkt sein Interesse an Geschichten, Bildern, Liedern und Spielen für Kinder; in gemeinsamer Arbeit entstehen unter anderem Spiel-, Hörspiel- und Buchkonzepte für deutsche und englische Verlage.
Norbert Landa lebt gemeinsam mit Hanne Türk in der Nähe von Bremen.